I0510224

ondernemen met hersenschadE

Ondernemen met hersenschadE

Jasmin Hajro

Jasmin Hajro

© 2020 Jasmin Hajro

Omslagontwerp door

Jasmin Hajro

Eerste druk 2020

24 september 2020
23:30 uur

Voor mijn familie
zonder wie ik niet zou bestaan
maar vooral voor
mama en papa

Je hoeft dit niet te lezen

Hallo beste lezer,

hoe gaat het ?

Bedankt voor kopen van boekje De Ultieme Winnende Strategie voor ondernemers.

Mijn naam is Jasmin Hajro, ik ben geboren op 6 juli 1985 in Bosnie.
Als vluchtelingen kwamen we naar Nederland, 21 jaar geleden.

Na school te hebben doorlopen & verscheidene banen...

Heb ik op 17 december 2012, mijn eerste onderneming opgericht: beleggingsbedrijf Jasko.
Na een succesvol eerste jaar, heb ik helaas de onderneming moeten sluiten.
Na een korte periode van rust, ww en tijdelijk werk. Begon ik weer als ondernemer.

Op 1 september 2015, heb ik onderneming Hajro opgericht.
Sinds het begin is de kernactiviteit, het verkopen van setjes
wenskaarten, deur tot deur.
Tegenwoordig is het assortiment uitgebreid.

Met o.a. de verkoop van mijn 4 boeken :

Bouw jouw fortuin,

Moneymaker,

Recept voor Geluk,

de Reddingsboei voor banken : "loyaal bankieren"

De royalties van mijn boeken worden gedoneerd
aan het Goede Doel : stichting Giveth Life.

Mijn onderneming is tegenwoordig Hajro Groep,
en bestaat uit 20 verschillende dochterondernemingen,
die onderdeel zijn van 1 overkoepelende organisatie.

Voor meer informatie over mijn onderneming &
de stichting, ga naar www.hajro.be

Zoals ik zei :
je hoeft dit niet te lezen…

Ken je die film quote :
''cut the shit''

Vroeger toen ik tussen de 20 en 30 jaar oud was,
nou eigenlijk daarvoor al…
toen ik een tiener was
rond de 16 jaar…
zijn mijn ouders gescheiden..
ik kon er niet goed mee omgaan
ik was verdrietig en boos
en werd een soort depressief
en daarna indifferent
het interesseerde me allemaal niet zo veel…

ik begon te blowen
wiet en hasj te roken
en ik begon te drinken
het was fijn

want ik voelde me niet meer miserabel

was alleen maar van de wereld…

ik ging altijd over mijn grenzen heen…
steeds meer drinken
en steeds meer gebruiken

daarna kwamen de speed
de xtc tabletten
de cocaine

Een keer had ik zoveel gebruikt
dat ik in het ziekenhuis ben beland…
in een coma
als ik niet wakker werd
zou ik doodgaan

Ik heb daarna de drugs afgeleerd..

Blijkbaar is het 2 keer gebeurd
maar kan ik me maar 1 keer herinneren

Waarschijnlijk heb ik het overleefd

omdat ik een erg jong lichaam had…

Of omdat ik op aarde ben gezet om iets te doen
wat alleen de unieke ik kan
en zou doen…

Wie weet...

Ik had als tiener al een probleem
met vroeg opstaan en op tijd komen
punctualiteit
op tijd zijn…

Ik dronk vaak om dronken te worden
ik zoop dus gewoon

bier en whisky
het meest…

zo af en toe kon ik me de nacht ervoor niet meer herinneren..

De meeste baantjes
die ik deed
waren productiebaantjes
ik hield het nooit lang vol...

Ik deed gewoon het werk dat me aangeboden werd...
veel viel er niet te kiezen
met alleen een mavo diploma

In 2007 begon ik als afwasser bij Landal
in de jaren daarop werkte ik me op naar kok

Ik werkte daar tot en met begin 2012

Ergens aan het eind...
misschien in 2011
kreeg ik hallucinaties
op de werkvloer
in de keuken...
Eerst schrok ik me rot...
Daarna werd ik bang...

De chef kreeg het door...
hij zag dat ik af en toe keek

als een rendier versteend voor twee koplampen..

En ik werd naar huis gestuurd….

Een tijdje werkte ik maar 3 of 4 dagen per week
om te kijken of het beter ging
met mijn ''burnout"

Ik sliep hele nachten niet…
en kwam uitgeput en te laat op het werk…

Voor die tijd ….
in 2010
het begin van dat jaar dronk ik nog
na drinken na het werk in de horeca
altijd gezellig..
Na het werk dronk ik thuis gewoon door…

Ik werkte hard daar…
en ik zoop veel

Na mijn verjaardag in 2010
toen ik ook teveel had gezopen…
ben ik in elkaar gezakt…

Daarna ben ik gestopt met drinken..

Omdat ik dacht als ik zo doorga
vernietig ik mezelf…

Eerst was het kut…
onconfortabel
niet fijn
ik voelde me slap…

Langzaamaan werd het beter…

Ik verving mijn slechte gewoonte
met lezen, schrijven, schaken, wandelen, joggen

Op het werk kon ik de druk minder goed aan
als heel veel tafels en heel veel mensen tegelijk
wouden eten en je heel veel bonnetjes krijgt
en veel gerechten
zo snel mogelijk
moet voorbereiden…

Dat was ook de tijd dat ik begon te hallucineren
en er bang van werd

omdat het niet normaal was…
en ik niet gek wou zijn
en ook niet gek wou worden…

Uiteindelijk ging het niet meer…
en kreeg ik ontslag…

Daarna kreeg ik een ww uitkering
voor 8 maanden…

In die tijd heb ik een beetje gesolliciteerd…
maar ik was vooral aan het rusten
en aan proberen om te gaan
met mijn geest en verstand
die een mankement hadden…

Ik dacht toen
dat ik alleen nog maar geschikt was
voor de keuken of productie

Ik wou geen van beiden als werk doen…

Ik vond financien wel erg interessant
ik was bezig met een cursus
en belegde ook een beetje
in die Landal periode…

Dus ik startte mijn eerste bedrijf : Jasko
om te beleggen voor mezelf en andere mensen

Ik wist niks van marketing en sales (verkoop)
dus ik vond maar een aantal klanten
vrienden en familie kring
maar geen nieuwe
en zat er niet genoeg geld in
om genoeg winsten te maken
om er van te kunnen leven..

Ernaast heb ik kranten bezorgd
daar kwam ik vaak te laat

Ook heb ik folders bezorgd…
En een tijdje bij Rabelink gewerkt
als lader/losser…

Uiteindelijk het bedrijfje gestopt…

Ik kreeg daarna een kans om wenskaarten te gaan verkopen…
namens een stichting…

Dat ging ik ten doen…

Daarna gingen die mensen van die stichting uit elkaar
en kwam er van die stichting weinig terecht..

Ik heb toen mijn eigen stichting opgericht,
en verkocht namens die organisatie wenskaarten
huis aan huis…

Daarna kwam de politie en bleek dat je maar
2 weken per jaar
met een vergunning
mag lopen collecteren (geld ophalen namens een stichting
via donaties of verkoop)

Dus ging ik verder met het verkopen van wenskaarten

namens mijn 2de bedrijf : Hajro

Ik had me toen ingeschreven bij de Kamer van Koophandel

om als energieadviseur

aan het werk te gaan…

Ik ging dus verder met het verkopen van wenskaarten

en doneerde een deel van mijn opbrengst aangebodeneen aantal goede doelen…

Ik probeerde er een grote webwinkel van te maken

verloor daarna het domein hajro.nl

begon opnieuw

Probeerde een advertentie

en marketing

met flyers en direct mail

Ik begon ook boeken te schrijven

boeken te publiceren

en boeken te maken

van wat ik eerder had geschreven

in mijn journals (dagboek)

en publiceerde dat ook weer…

Ik struggelde

worstelde

verdiende 100 of 200 euro per maandagen ging gewoon
eigenwijs door…

Ik droeg mijn bedrijf over aan het bedrijf van mijn zusje

om in aanmerking te komen

voor een bijstand uitkering…

Ik kreeg niks

Mijn zusje schreef zich uit bij de Kamer van Koophandel

omdat ze haar eerste kind kreeg

en een bijstand uitkering moest hebben

Daar ging mijn geliefde bedrijf..

Ik bleef verder gaan

met het verkopen van wenskaarten

Dan maar zonder KvK nummer

fuck it

Ik ging weer een tijdje bij Rabelink werken

hallucineerde daar ook

en reed tegen een paal op…

Met dat geld heb ik mijn bedrijf

als een flex bv weer opgericht

Ken je die quote

"What are you gonna do when the tornade blows your house away ?"

''Fucking rebuild''

Dat deed ik dus ook

het heet Hajro bv

en het verkoopt wenskaarten, cadeaugeschenken en boeken

(de boeken die ik geschreven en gepubliceerd heb,

intussen meer dan 40)

We doneren ook nog steeds aan een aantal goede doelen/initiatieven….

Je kan het vinden op www.hajro.be

Ik heb gesprekken

&

Ik heb medicijnen geprobeerd
daar werd ik passief van..
en ik kreeg andere medicijnen..

die leken te helpen in het begin
maar na iets van 2 maanden voelde ik niks meer

geen emoties..

als een zombie…

toen stopte ik ermee
maar ik bewaarde de medicijnen wel voor
als ik er teveel last van zou krijgen…

Heb afgelopen zondag weer ¼ tablet genomen…
ik was ook uitgeput de laatste tijd…

Hoe ik heb kunnen overleven ?

Dankzij mijn moeder
ik ben 35 en woon nog steeds bij mama

Ik wil graag dit werk tot aan mijn pensioen doen..

ik kan het goed volhouden

al meer dan 5 jaar…

langer dan ik ooit voor een ander bedrijf heb gewerkt…

Aanvraag financiering

voor onderneming Hajro bv,

KvK 76564770 .

Schrijver : dga Jasmin Hajro.

USP :

Hajro zet zich in voor de mensen in provincie Gelderland,

door werk te geven,

aan 40 Goede Doelen te doneren,

en door mensen te helpen om rijker en gelukkiger te leven.

(het laatste doen we door 3 gratis Eboeken weg te geven op de

homepage van onze website : www.hajro.eu

titels : Bouw jouw Fortuin

& Recept voor Geluk.

& Discovery.

Kernactiviteit : het verkopen van wenskaarten,

cadeaugeschenken, boeken en dergelijke

online & huis aan huis (offline).

Dit zal geen reguliere aanvraag zijn in het gewenste format.

Ik neem aan dat de Scheer & Foppen,

de V&D,

de Kijkshop

en vele anderen een geweldig plan

hebben gehad

(in het gewenste format),

helemaal zoals jullie graag willen.

Die zijn er helaas niet meer.

Onderneming Hajro is er nog steeds,

en die blijft totdat ik met pensioen ga,

dus zeker nog 40 jaar.

Daarna wordt het voortgezet door mijn erfgenamen.

Hopelijk langer dan 100 jaar,

zodat het Koninklijke Hajro wordt.

Als je het graag over zekerheden hebt,

ik ga dit werk namens mijn eigen onderneming

tot aan mijn pensioen doen.

Dat betekent dat ik erg goed ga worden in verkopen en ondernemen

door oefening en studie.

Oefening in de praktijk ,

huis aan huis verkopen, zoals ik al meer dan 4 jaar doe.

Dat betekent dat ik steeds meer ga verdienen en omzetten.

En dat ik ieder bedrag aan financiering kan terug betalen.

Dat is wat je wou weten, toch ?

Als je daar niet van overtuigd bent,
hoef je niet verder te lezen.

Dat is de beste Garantie,
want sommige ondernemers die een financiering
aanvragen, hebben een exitstrategie
en willen de bedrijfsnaam wel 's veranderen of compleet
iets anders gaan doen en het bedrijf stoppen of verkopen.
Nooit van mijn leven !

Je begrijpt vast niet waarom het bedrijf
of oprichting zoals wij zeggen
(dat zeggen we omdat we iets meer goeds doen voor de
mensen ,
dan alleen maar wenskaartjes verkopen aan ze)...
zo belangrijk is voor mij ??

Heb je wel eens zonder werk en zonder geld of met weinig
geld geleefd ?
Het is de hel.

Met mijn onderneming heb ik dus vast werk tot aan mijn
pensioen.
Ik kan iedere dag van de week geld verdienen, dus ook in
de weekenden...
En dat doe ik ook wel eens...een van mijn boeken gaat daar
deels over..

de Ultieme Winnende Strategie, voor ondernemers

En mijn zusje en broertje hebben dat straks ook, vast werk
tot aan het pensioen.
Ook kan ik mensen buiten mijn familie werk tot aan het
pensioen geven.
Is dat niet geweldig ?

Daarom is mijn onderneming, mijn kindje
ik heb het geboorte gegeven en ik zorg er goed voor.
En ik wil het nooit alleen laten, aan anderen geven
of anders benoemen, of ophouden ervoor te zorgen.

Mijn naam is Jasmin Hajro, Ik ben bijna 8 jaar
ondernemer en Hajro is mijn 2de bedrijf.
Ik zou leren om als energieadviseur aan het werk te gaan
en heb me daarvoor op 1 september
2015 bij de KvK ingeschreven. (toen eenmanszaak Hajro)
Jaarlijks overstappen deed ik al voor ons thuis,
dus wou ik leren om dat ook voor klanten te kunnen doen.
En als verkoper zou ik altijd werk hebben.

Ik zou getraind worden door de eigenaren van vof
UwVoordeelNu.
Hun zijn getrainde en ervaren verkopers. Zij zijn ook de
oprichters van
Stichting samen leven met een ander. Als training kon ik
setjes wenskaarten gaan verkopen,
namens de stichting.

Hiermee deed ik dan praktische ervaring op.

Qua verkoop is alles hetzelfde als energie, behalve het product.

Ik heb trainingen gehad.

En ben daarna op eigen initiatief wenskaarten namens die stichting, gaan verkopen.

Helaas was er wat gedoe...

Ook zijn de eigenaren van de vof uit elkaar gegaan, en kwam er weinig verdere training.

Om van het gedoe af te zijn, heb ik met de opbrengst van mijn wenskaartenverkoop,

namens die stichting, mijn eigen Stichting opgericht.

Waarbij ik wel alles in orde had.

Namelijk stichting Giveth Life.

Nou was er gedoe omdat ik geen vergunning had. En zelfs met een vergunning kon ik maar 2

weken per jaar gaan verkopen in onze gemeente.

Om van dit gedoe af te zijn, besloot ik toen namens mijn onderneming Hajro wenskaarten sets te

gaan verkopen.

Daarna heb ik besloten om maandelijks een deel van mijn opbrengst aan Goede

Doelen te doneren.

Om niet de zoveelste webshop, of webwinkel zoals alle andere webwinkels te zijn,

heb ik er tijd en moeite in gestoken om iets unieks neer te
zetten.
De 32 boeken die ik heb geschreven helpen hierbij,
en we doneren aan 40 Goede Doelen,
onze bezorgers worden het beste betaald,
en Hajro is een unieke organisatie daarom
en omdat ik uniek ben.

Dat is in het kort het verhaal & ik wil er graag aan toe
voegen :
Ik ga ondernemen & verkopen tot aan mijn pensioen.
Daarna blijf ik wel werkzaam met het geven van seminars,
boeken schrijven,
en voor de
voortzetting van Hajro ,
het trainen van mijn broertje en/of mijn kinderen.
Dus Hajro blijft bestaan de aankomende 100 jaar.

Voor de juiste chronologie...
Ik had eenmanszaak Hajro tijdelijk aan mijn zusje
overgedragen, haar toenmalige
eenmanszaak Energie Nu.
Zodat ik een uitkering kon aanvragen en wat rusten.
Helaas zijn mijn 5 uitkering aanvragen afgewezen.
Omdat zij is bevallen en toen een bijstand moest hebben,
heeft ze zich uitgeschreven bij de KvK.
Daar ging mijn geliefde bedrijf.

Ik ben toen wel gewoon door gegaan met het verkopen van

mijn wenskaarten
namen oprichting Hajro.
In de zomer van 2019 heb ik tijdelijk als lader/losser
gewerkt in loondienst
en heb toen ook gewoon mijn wenskaarten lopen verkopen
namens oprichting Hajro.

Het werk als lader en losser van vrachtwagens met dozen
pinda's van soms wel 25 kg
is zwaar.
Ik heb er dus keihard voor gewerkt,
om mijn Hajro bv op te richten.

En dat heb ik ook gedaan op 3 december 2019.
Nou…
als je had opgelet,
dan had je een juweel gezien.

Net als Dirk Kat van de Dekamarkt waar zijn winkel werd
kapot gemaakt in de oorlog
en hij het daarna gewoon opnieuw heeft opgebouwd.

De juweel is doorzettingsvermogen
en dat heb je wel nodig als ondernemer.

Ik heb een operationeel en strategisch plan.
De kern ervan is :
 iedere dag winst maken
Iedere dag winst maken bereik ik door af en toe 8 of 10

dagen achter elkaar te werken,
en ja dan maak ik iedere dag sales en iedere dag winst.
Al iets van 3 keer bewezen.

In de toekomst heb ik er nog wat verkopers bij,
zodat sales consistent 7 dagen per week gebeurt,
zonder dat ik helemaal uitgeput raak.
Met mijn huidige bezorgers en wat sales medewerkers erbij,
 gaat de sales en
de marketing consistent 7 dagen per week door,
wat resulteert in iedere dag winst.

Dat is beter dan alleen maar 250 werkdagen per jaar winst maken .
Begrijp je nou de Ultieme Winnende Strategie ?

Marketing doen we het liefst offline,
met de publicatie van Jouw Krant,
(daar zijn al duizenden exemplaren van bezorgd
in stad Doetinchem)
Omdat mensen meer geloofwaardigheid hechten aan fysiek
drukwerk in vergelijking met digitaal.

(Hajro is trouwens wel goed online vindbaar.)

(Hoe iedere dag winst maken =
wat ieder ondernemingsplan moet bevatten,
de rest zijn details)

Hopelijk heb je zonet het belangrijkste al gelezen.

De kern van het operationeel plan =
stap 1 ; direct mail of folders bezorgen,
stap 2 ; persoonlijke verkoop,
stap 3; follow up bezorgen (bedankje + spaarboekje voor klantenbinding)
Dit proces hierboven, doe ik al samen met mijn huidige personeel.

De kern van het strategische plan =
een upgrade van huidige bedrijfsvoering,
met genoeg voorraad aan wenskaarten, ik heb momenteel 1 soort (de goudkleurige)
waar ik al meer dan 742 sets van heb verkocht.

(We hebben inmiddels 4 verschillende soorten unieke wenskaarten op voorraad per 1-5-2020)

De 2de die ik op voorraad had
(de supermooie #8) zijn inmiddels tijdelijk uitverkocht ,
meer dan 275 stuks ervan zijn door mensen gekocht.

Ik heb nog wat mokken (cadeaubekers) en pennen op voorraad.
Maar ik moet van iedere soort wenskaart, een doos op voorraad hebben staan,
zodat ik de mensen bij hun aan de deur, tijdens de presentatie,

kan laten kiezen uit 5 of 6 verschillende sets.
Dat zorgt voor meer omzet.

Ook wil ik genoeg SpaarKaarten (voormalig SpaarBoekje)
op voorraad hebben staan,
voor de klantenbinding.
En genoeg folders, het Jouw Krant,
om te laten bezorgen door mijn bezorgers
en om zelf achter te laten ,
na huis aan huis verkoop presentaties.
Vooral oudere mensen zullen dat meer waarderen,
en het zorgt ook voor meer bekendheid en betere
klantrelaties. (de marketing)

Eventueel webshop integratie op onze website,
zodat mensen met een paar klikken makkelijk kunnen
bestellen en afrekenen.
(momenteel is het bestelproces misschien omslachtig).

AVG anti hack internetbeveiliging is ook nodig.
De belastingaangiftes worden inmiddels gedaan door een
accountant van
Nijman administratie & belastingadviseurs te Doetinchem.

Ik vroeg de bank om een financiering van E 4000,-
helaas niet gekregen.

Maar misschien kan jij en andere mensen
zoals onze klanten...

Hajro helpen om te groeien..
om meer mensen werk te geven en
om meer te doneren.
Je krijgt er wat voor terug uiteraard.

Het doel is voornamelijk goederen en werkkapitaal.
(Ik heb natuurlijk grote ambities,
op http://www.lulu.com/spotlight/jasminhajro
staat nog meer dan 100 Hajro producten, met kalenders,
fotoboeken, boeken als Eboeken en
als paperbacks en boeken in bundels.

Op pagina Links staan ook Hajro dochterondernemingen.
Waaronder Hajro Franchise,
ik wil graag mensen die ervaring hebben met
huis aan huis verkoop,
een solide en betaalbare kans op werk tot aan het pensioen
geven,
meegroeiend op de goede reputatie van
onderneming Hajro bv.

Ik wil ook graag een bedrijf op de beurs kopen en een
winkelketen..
Het bedrijf op de beurs wordt dan ook Hajro omgedoopt
en mijn onderneming krijgt dan
landelijke bekendheid, omdat de koers van het aandeel
steeds op tv komt,
mensen gaan dan veel meer en vaker onze Hajro producten
kopen.

De winkelketen wil ik voor de fysieke winkels,
die worden dan ook Hajro omgedoopt.
Maar dit is voor de lange termijn, aangezien je me geen 20
miljoen of meer gaat lenen.
Ik geef je gewoon graag een glimp van de toekomst,
want we zullen veel mensen helpen.)

Voorlopig blijft de Hajro producten bij Lulu als
2de webwinkel,
ik heb al iemand die zoekt naar geinteresseerden voor
Hajro Franchise.

Na 2 coaching sessies, heb ik het unieke assortiment
uitgebreid en
ben ik gefocust op de huis aan huis verkoop,
wat heeft geleid tot meer omzet.

Ik ga wel Hajro holding oprichten, om het voortbestaan
van het Hajro empire / concern
wat meer te verzekeren.

Ik wil het geinvesteerde geld ook gebruiken om te
adverteren in kranten en op de radio.

_____

_____

Mijn cijfers :
(Sinds september 2015 tot eind 2015 liep ik nog namens de
stichting wenskaarten te verkopen,

dus we beginnen met begin 2016)

2016

Jan 9 sales
= 45,-

Feb 25 sales
= 125,-

Maa 19 sales
= 102,-
(1 sale betreft een Lidmaatschap,
transactiewaarde 12,- p/s)

Apr 24 sales
= 60,-
(15 sales betreffen
aansteker/pen, transactiewaarde 15,- totaal)

Mei 28 sales
= 132,-
(2 sales betreffen
aansteker/pen, transactiewaarde 2,- in totaal)

Jun 43 sales
= 236,-
(1sale betreft pen/aansteker +
sales overig 30,-)

Jul 35 sales

= 176,-

(2 sales betreft

aansteker/pen + sales overig 9,-)

Aug 64 sales

= 320,-

(1 sale betreft bestelling ,

transactiewaarde 10,-)

Sept 23 sales

= 111,- (1 sale betreft

pen/aansteker)

Okt 27 sales

= 145,-

(1 sale betreft bestelling,

transactiewaarde 15,-)

Nov 42 sales

= 206,- (1 sale betreft pen/aansteker)

Dec 5 sales

= 25,-

Gemiddeld per maand E 774,67

Totaal   E 9296,-

(inclusief belasting teruggaves)

Cijfers 2017

Jan 6 sales
= 30,-

Feb 10,5 sales
= 52,50

Maa 4 sales
= 20,-

Apr 1 sale
= 25,-
(sale betreft verlenging
Lidmaatschap, transactiewaarde 25,-)

Mei 30 sales
= 138,-
(3 sales betreffen
pen/aanstekers, transactiewaarde 1,- p/s)

Jun 33 sales
= 165,-

Jul 23 sales
= 115,-

Aug 33,5 sales
= 163,50

Sept 43,5 sales
= 217,50

Okt 18 sales
= 90,-

Nov 86 sales
= 430,-

Dec 68 sales
= 340,-

Gemddeld per maand E 148,87

Totaal   E 1786,50

2018

Jan 48 sales
= 240,-

Feb 66 sales
= 330,-

Maa 64 sales
= 320,-

Apr 22 sales
= 110,-

Mei 11 sales = 55,-

Jun 15,5 sales,
1 lidmaatschap twv 22,50 euro en 35,- aan boekenroyalties
= 135,-

Jul 12 sales
= 60,-

Aug 52,5 sales
plus 45,- boekenroyalties
= 307,50

Sept 103 sales
plus 37,- boekenroyalties
= 552,-

Okt 63 sales
= 315,-

Nov 62 sales
plus 104,- boekenroyalties
 = 414,-

Dec 34 sales ,
6 pennensales, 125,- boekenroyalties , totaal
 = 301,-

Gemddeld per maand E 262,-

Totaal   E 3139,50

2019

Jan 51 sales,
14 pennensales
= 269,-

Feb 77 sales,
4 pennensales plus 35,- boekenroyalties
= 424,-

Maa 54 sales,
5 pennensales
= 275,-

Apr 33 sales
= 165,-

Mei 33 sales,
boekenroyalties 34,46 , bijbaan 367,63 in totaal
= 567,09

Jun 2 sales,
bijbaan 733,94 in totaal
= 743,94

Jul 2 sales,
bijbaan 1313,12 in totaal
= 1323,12

Aug 22 sales
= 160,-

Sept 59,5 sales
 = 297,50

Okt 86 sales,
2 pennensales, 1 lid abonnement twv 22,50, bijbaan,
boekenroyalties 20,-
= 504,50

Nov 130 sales ,
 12 pennensales
= 662,-

Dec 81 sales ,
12 pennensales
= 417,-

Gemiddeld per maand E 484,-
Totaal   E 5808,15
(inclusief verdienste bijbaan)
_____

2020

Jan

121 sales, 10 pennensales plus 10,50 boekenroyalties
= 625,50

Feb

69,5 sales, 8 pennensales, E 2,63 boekenroyalties
= 358,13

Maa

70 sales, 2 pennensales, E 1,18 boekenroyaltes,
Tozo E 1000,-
= 1353,18

Apr 2020

77 sales E 95,- & 20 pennen & 0,60 boekenroyalties &
Tozo E 1000,-
= 1405,60

Mei

92 sales & 25 pennen
= 485,-

Juni

143 sales & 23 pennen & E 0,36 boekenroyalties
= 738,36

Juli

140 sales & 30 pennen & E 9,40 boekenroyalties
= 739,40

Gemiddeld per maand E 778,94

Uitleg cijfers : als de verkoper vanaf 1 januari 2016, 40 uur per
week aan het verkopen was,
dan was er een solide 1000,- per maand omgezet.
Echter heeft deze verkoper ook de Hajro webwinkel uniek
gemaakt, en alle marketing
geschreven, iedere aanbieding gemaakt, de
emailmarketing geschreven en ingesteld
zodat het het hele jaar doorgaat op autopilot,
het Spaarboekje voor klantenbinding
gemaakt, de administratie bijgehouden, de
belastingaangiftes gedaan,
zelf ook direct mail en follow up bezorgd. 5
Websites gemaakt zodat Hajro altijd
vindbaar is voor mensen. 32 boeken geschreven,
gepubliceerd en gepromoot etc.
Plus door toediening van stroom in jan2017
in elkaar gezakt. Nodige tijd gekost om te
herstellen. Er zijn nog wel meerdere incidenten geweest
waarbij ik gedrogeerd en
bestolen ben. We leven eenmaal in de realiteit.
Ook moet alles van de sales bekostigd worden.
Ik heb inmiddels beveiligingscamera's.

Bewijs A : ik heb een Positief trackrecord van 51 maanden
achter

elkaar, met iedere maand sales & iedere maand winst.

Bewijs B : ik heb van maandag 18-09-2017 t/m woensdag 27-09-2017,

10 dagen achter elkaar lopen verkopen en 22 sales gemaakt. Iedere dag sales & iedere dag winst.

Bewijs A & B laten zien dat ik het kan.

Het is logisch dat ik door continu studie en praktische oefening

steeds beter word in verkopen,

en dus meer sales en meer winst ga maken.

Bewijs B laat zien dat mijn plan om iedere dag sales te maken &

dus iedere dag winst haalbaar is.

Als ik het alleen al kan, dan zullen met meer sales medewerkers de

sales & winst drastisch verhoogd worden.

De voorzichtige forecast is :

door de kosten laag te houden en door de grotere bekendheid &

bouw van reputatie & consistentie. En iedere dag sales & winst.

(In de toekomst kan ik ook strategische consulten geven aan starters,

dat is de neven activiteit van Hajro bv, en grotere winsten maken.)

Uit de coaching sessie is gebleken dat kleine

transactiewaardes goed zijn...

5 eurotjes voor een cadeaubeker of set wenskaarten en 1 eurotje voor een pen.

Want als sommige klanten elders gaan kopen, daalt mijn omzet nauwelijks.

De cadeaubeker is trouwens ook een back up product, als er minder wenskaarten worden verstuurd, blijven de mensen wel altijd hun koffie of thee uit een mok drinken. (de cadeaubeker)

Binnen redelijke tijd zodanig omzetten dat ik er ook goed van kan leven en het verdienpotentieel is te zien in het Verkoop schema dat je hierboven kon zien.

De forecast is dan :
Als ik in de aankomende 40 jaar dat ik werk en aan het verkopen ben, 1 miljoen sets wenskaarten of mokken verkoop
dan is dat 5 miljoen euro aan omzet....
de royalties van de boekenverkoop in die tijd is extra omzet
Hajro bv wordt een erg profitabele en sterke onderneming !

Onderpand : Garantie
Plus dat ik dit werk ga doen tot mijn pensioen , en een tijdje erna.

Je hebt hierboven het sales schema en een aantal van mijn goede dagen gezien,
dat laat zen dat ik het kan.
Weet je nog hoe ?
Door oefening en studie.

(Dit is trouwens de laatste keer dat ik iemand vraag om geld te lenen. Vaak is gebleken dat ik mijn
tijd beter kan besteden aan het verkopen. Dus graag jullie hulp om een goede sprong vooruit te
maken, zonder mijn tijd te hebben verspild aan het schrijven hiervan.)

Investeren kun je doen door een geldbedrag over te maken naar :
NL 43 INGB 0008 5793 81
tnv Hajro bv
Bij voorbaat dank,
Jasmin Hajro ©
Dga

We geven je ook een Garantie op je inleg.
P.P.S. Ik ben blijkbaar autistisch. Door het camoufleren ervan ga ik voor normaal door.

Er zitten wel wat voordelen aan zoals :
nieuwsgierigheid en graag leren,
grondigheid oftewel nauwkeurig,

lange tijd geconcentreerd kunnen werken,
creatief zijn ,
goed visueel geheugen,
oog voor detail,
eerlijk en betrouwbaar zijn.

Ik kan niet goed socialisen,
ik hou niet van de telefoon
en ik heb er een hekel
aan als dingen niet gaan zoals ik wil
(beetje autonoom dus ook).
Dan weet je dat.

Ik kan wel goed koffie drinken,
misschien ooit dus ook een keertje met jou.

Beetje veel informatie misschien...
maar wel open en eerlijk.

Wat is nou het belangrijkste om te weten, voor jou ?

vraag 1.
Is de onderneming en de resultaten sustainable ?

antwoord 1.
Jazeker
(we bedoelen hier niet of de onderneming energiezuinig is,)

maar of de omzet en winst duurzaam zijn,
wordt er de volgende 10, 20 en 30 jaar

ook omzet en winst gemaakt ?
Ja dus,

vanwege de cadeaubeker (mensen zullen altijd hun koffie
of thee uit een mok drinken, voor we heel Nederland zijn
afgeweest met de cadeaubeker, zijn we 40 jaar verder.
Ook hebben mensen altijd Tshirts en truien nodig,
die hebben we ook sinds kort.
Mensen blijven ook altijd lezen,
de verschuiving is naar Eboeken
en audioboeken...
 Al mijn boeken zijn beschikbaar als
paperback en Eboek,
ik heb een beginnetje gemaakt met de audio edities.

vraag 2.
Is er een groei in omzet en winst ?

antwoord 2.
Jazeker, je ziet dat de gemiddelde omzet in 2019
verdubbelt is, vergeleken met de omzet in 2018.
Dat was zonder belasting terug gaves en zonder de BBZ.
In de meeste maanden van 2019 is er meer omgezet dan in
de maanden van de jaren ervoor.

vraag 3.
Verklaar de cijfers ?

antwoord 3. Ze zijn hierboven al verklaard,

er is van alles gebeurd...

sommige dingen hebben veel tijd gekost..

het kost tijd om een boek en een folder te schrijven en te publiceren etc

dan heb je nog niks verdient...

maar het moet wel gebeuren...

we hebben marketing nodig

op zoveel mogelijk plaatsen.

Er zijn Hajro dochterondernemingen,

de websites ervan staan op

p agina Links .

Op www.lulu.com/spotlight/jasminhajro
staan ook 121 Hajro producten
waaronder kalenders, fotoboeken,
en natuurlijk Eboeken en paperbacks.

Het heeft ook de nodige tijd gekost
om dat te schrijven en te maken.
Maar nou het klaar is,
blijft er veel meer tijd over voor de kernactiviteiten,
voor sales & marketing...
en dat is te zien aan de cijfers.

En zoals Brian Tracy zegt :
" It takes 7 years to master a skill
or build a successfull business "

Dus je moet lange termijn denken,

investeren doe je ook altijd voor de lange termijn.

" Begin gewoon met een klein bedrag,
en als je het rendement een aantal keer
iedere maand
hebt ontvangen,
dan krijg je meer zelfvertrouwen in het investeren in Hajro
en kun je een groter bedrag inleggen"

Uw inleg mag u over maken naar :
NL 43 INGB 0008 5793 81
tnv Hajro bv

Bedankt voor je vertrouwen in ons.

Dat was mijn lan en mijn cijfers…

ik begin vooruitgang te maken

dit jaar

in 2020

Nou moet ik mijn omzet verdubbelen

en dan nog een keer verdubbelen….

Het meest zinnige om te zeggen is
dat ik mijn hersens heb beschadigd
toen ik zoveel dronk en gebruikte
en tijdens die coma…

En nou uit zich dat op een aantal manieren…
af en toe hallucineren
waar ik gesprekken en medicijnen voor heb..

het traag zijn
langzaam
lichamelijk en geestelijk
met denken en nadenken

nadat ik jog (sport)
gaat het wel iets beter..

ik praat langzaam

heb ook een aantal keer gestotterd
(dat gebeurde vroeger ook nooit)

Soms kom ik niet uit mijn woorden

Misschien kan ik maar 50% of 60%
terwijl een gewoon persoon 100% kan…

Men zegt dat ik er goed ben uitgekomen
dat klopt ook wel
ik heb veel geluk

Maar 50% of 60 % is geen 100%

Misschien kan ik hulp krijgen van de gemeente
zodat ik dit werk kan blijven doen
tot mijn pensioen…

Maar ik zet ook wel door zonder hulp

Als ik eerlijk ben
dan is E 500,- in een maand niet genoeg
het is alleen geneg voor de huur
en verder niks
je moet ook eten en je hebt stroom nodig etc..

Maar hoe kun je bij de 1000,- komen
als je stopt bij 700 ?

Hoe kun je bij de 2000,- komen
als je stopt bij de 700 ?

Daarom moet ik doorzetten..

Je hebt nou mijn ondernemer avontuur gehoord

eigenlijk gelezen

en mijn uitdagingen ken je ook…

En ik beloof je dat ik doorzet…

Je vriend,

Jasmin

boek de Ultieme Winnende Strategie,
voor ondernemers…

maar ook voor verkopers..
de meeste ondernemers zijn verkopers…

dat boek kun je lezen op de volgende bladzijdes...

" Trouwens, ik ben mijn eerste bedrijf begonnen in 2012.

Ik heb meer dan 700 sales gemaakt, sinds 1 september
2015 tot nu toe.

Dus ik heb een trackrecord, en weet waar ik over praat. "

" Zoals je vast al begrepen hebt,

verdien ik mijn geld door te verkopen voor mijn eigen
bedrijf.

Dat is mijn werk.

De opbrengst van mijn boeken gaat naar het Goede Doel.

Ik schrijf uit ervaring,
ik schrijf om mensen vooruit te helpen. "

De Ultieme Winnende Strategie voor ondernemers

Hoe meten we succes in zaken ?

Met monetaire puntjes, met verdiende euros.

Wat is succesvol ondernemen ?

Succesvol ondernemen =

veel verkopen

We zijn dus succesvol aan het ondernemen,

als we veel verkopen.

Dus succes in ondernemen = veel verkopen

(veel verkopen realiseren / veel sales closen)

Want sales (verkoop) levert winst op.

Wat is nou de Ultieme Winnende Strategie ?

Eerst beginnen we met het concept,
daarna krijg je 2 voorbeelden uit de praktijk.

Heb je wel's opgemerkt dat supermarkten 7 dagen per week
open zijn ?

Supermarkten zijn misschien een minder goed voorbeeld,
omdat we nou eenmaal moeten eten en drinken.

Ben je wel's bij de Esso benzinepop geweest ?

De Esso benzinepop heeft een winkeltje met personeel,
en is 24 uur per dag, 7 dagen per week geopend.

En nee, ook al lijkt het dat we benzine nodig hebben,

de Esso had ook een zelfbedieningspop kunnen worden,
waar je zelf tankt en met pin afrekent.

Maar de Esso heeft een winkeltje met een winkelbediende.

Wat doen de supermarkten iedere dag ?

Ze maken sales, en winst
Iedere dag.

Wat doet de Esso iedere dag en nacht ?

De Esso maakt sales dag en nacht,
iedere dag.
Dus maakt de Esso winst,
iedere dag en nacht

De supermarkten en de Esso zijn succesvol
omdat ze iedere dag verkopen realiseren
en dus iedere dag winst maken.

<u>De Ultieme Winnende Strategie voor ondernemers</u>
<u>is</u>
<u> iedere dag winst maken.</u>

Iedere dag van het jaar winst maken.

Dat doe je door iedere dag te verkopen,
en dagelijks sales te closen.

Jouw voorsprong op je concurrentie

Als je iedere dag verkoopt & iedere dag winst maakt,
heb je dan een voorsprong op ondernemingen
die alleen maar 5 dagen per week winst maken ??

Praktijkvoorbeeld 1

Ik heb van maandag 18 september 2017 tot en met
woensdag 27 september 2017,
10 dagen achter elkaar lopen verkopen,
en 22 sales in totaal gemaakt.

Dus iedere dag sales gemaakt & iedere dag winst gemaakt.

Dat is de Ultieme Winnende Strategie voor ondernemers in
actie.
(in de praktijk van ondernemen)

Nou als we eerlijk zijn,
dan weten we wel dat de transactiewaarde
van sets wenskaarten bescheiden is.
En dus ook de winst per sale.

Maar verkijk je niet op die cijfers...
Je krijgt straks een praktijkvoorbeeld van iemand die 1 miljoen
maakte.

Het gaat erom dat jij het succesvolle Concept
van de Ultieme Winnende Strategie voor ondernemers begrijpt
en dat je ziet bewezen dat het werkt.

Dat concept begrijp je nou,
je hebt enkele voorbeelden van ondernemingen gezien
die de Ultieme Winnende Strategie toepassen.
Je hebt een praktijvoorbeeld gezien
van mij.

En je weet dus 100% zeker dat de Ultieme Winnende Strategie
werkt.

Mensen hebben wenskaarten niet nodig
zoals eten en drinken,
maar ze kochten iedere dag
en ik maakte iedere dag winst.

Dus het maakt niet uit wat voor product of dienst jij verkoopt.

De Ultieme Winnende Strategie werkt ook voor jou.

Stap verder

Jij begrijpt nou de Ultieme Winnende Strategie voor
ondernemers,
je weet dat het werkt.

Dus nou ga je het doen.

Je gaat het implementeren.

Ik vraag je niet om 7 dagen per week te werken,
al zou je het wel een keer moeten doen.

Jij kan verkopen van maandag tot en met vrijdag &
iemand in dienst nemen die verkoopt voor jou
van zaterdag tot en met maandag (een parttimer)

En dan heb je al iedere dag sales & iedere dag winst.

Als ik het alleen kan,
dan kan jij het zeker met 2 personen !

Zijn er nog meer manieren waarop je iedere dag sales
kunt maken & iedere dag winst ?

Bedenk en vind 20 manieren,
waarmee je iedere dag sales maakt
en dus iedere dag winst maakt.

Schrijf ze op

1 Een verkoper aannemen
2 Een team van verkopers creeren
3
4
5
6
7
8
9
10
11
12
13
14
15
16
17
18
19
20

Praktijkvoorbeeld 2

Ga naar www.youtube.nl en bekijk het filmpje van Walter
Bergeron,
GKIC marketer of the year.

Het fimpje duurt ongeveer een half uurtje.

Let goed op als ie zegt : that means also on saturdays and
sundays.

(dat ie 7 dagen per week aan het verkopen was en
iedere dag winst maakte)

Zie je wat de Ultieme Winnende Stratgie voor ondernemers,
voor jou kan doen ?

Ga aan het werk,
ga iedere dag verkopen & iedere dag winst maken.

Pas je 20 manieren toe,
geef je sales een boost,
een maak veel winst.
Iedere dag van het jaar.

Ik wens je veel succes.

Met vriendelijke groeten,

Jasmin Hajro

Hajro
Ottawastraat 19
7007 BC
Doetinchem,
the Netherlands
KvK : 65686306

www.hajrobv.nl

amazon.com/author/jasminhajro

P.S. Als je dit een goed boek vindt, zou je dan zo vriendelijk
willen zijn
om het aan te raden bij mensen die je kent.?
Zodat het hun ook vooruit helpt.
Dank je wel.

het Betaal jezelf eerst principe

Het betaal jezelf eerst principe.

Het betekent dat wanneer je jouw geld ontvangt,
je eerst jezelf betaalt door bijvoorbeeld een tiende opzij te
zetten.

Om het resultaat hiervan te verduidelijken,
maken we een voorbeeld berekening.

Je verdient bijvoorbeeld 3000,- euro per maand.
En je betaalt jezelf eerst,
oftewel : je zet een tiende (10%) van je inkomen opzij.
Dus 300,- euro per maand.

Het jaar heeft 12 maanden,
dus na 1 jaar heb je (12 x 300) = 3600,- euro.
Na 1 jaar heb je een heel maand salaris opzij gezet.

Als je iedere maand een tiende opzij zet,
hoeveel heb je dan na 10 jaar ?

(3600 x 10) = 36000,- euro.
Dus na 10 jaar heb je 36000,- euro
oftewel een heel jaar salaris opzij gezet.

Verderop in dit boek : Bouw jouw Fortuin,
ziet u hoe u dat bedrag dat u maandelijks opzij zet.

Harder kunt laten groeien.

Previeuw boek Bouw Jouw Fortuin

10 % van alles

Het is belangrijk dat wanneer je eerst jezelf betaalt,
door 10 % opzij te zetten.
Dat je 10 % van alles opzij zet.

Natuurlijk 10 % van je inkomen.

Maar ook 10 % van de fooi als je die krijgt,
ook 10 % van je toeslagen,
ook 10 % van je cadeaugeld,
ook 10 % van je 13de maand,
ook 10 % van je bonus,
ook 10 % van je loonsverhoging,
ook 10 % van je belasting teruggaaf,
ook 10 % van je welkomstpremie.

Vanuit welke hoek of van wie dan ook je geld ontvangt,
het eerste wat je doet is jezelf eerst betalen.
Door een tiende ervan opzij te zetten.

Einde previeuw

Voor meer informatie over dit boek , ga naar onze verbeterde website : www.hajrobv.nl

Previeuw boek Moneymaker

Moneymaker 3.

de bijbel voor ondernemers, geschreven door een ondernemer.
Dus jouw dagelijkse kost.

Nee, het gaat niet over GOD.

Er staat, geschreven door een ondernemer.....

JIJ LEEST ALLEEN MAAR BOEKEN DIE GESCHREVEN
ZIJN DOOR MENSEN DIE EEN EIGEN BEDRIJF
HEBBEN !!
Begrijp je dat ?

Zo voorkom je dat je geest voedt met BULLSHIT.
En dat je BULLSHIT gaat modelleren.
Dus bespaar je jezelf tijd en geld.

Ok, dan even over die Ondernemersbijbel.
Het heet No Excuses, the Power of self discipline En is
geschreven door Brian Tracy

En ja die heeft een eigen bedrijf. Anders stond zijn naam hier
Niet.

Het komt toch op zelf discipline neer.
En zelf discipline maakt dat jij je heel erg Goed voelt over
jezelf.

Als je gaat sporten bijvoorbeeld, terwijl de meeste mensen tv aan het kijken zijn.

Als je op zaterdag werkt, terwijl de meeste mensen weekend houden.

Als je op zondag een stap zet richting het bereiken van je doelen.

Bovenstaande 3 voorbeelden, vereisen zelf discipline van jou.

Maar over 1, 3, 5 jaar waar sta jij dan ?

En waar de meeste mensen ?

Wel's een dag gewerkt met pijn omdat je tanden afgebroken waren ?

Wel's gewerkt met 2 uurtjes slaap, de nacht ervoor ?

Wel's gewerkt zonder te hebben geslapen, de nacht ervoor ?

Het was vast makkelijker om toen, tv te gaan kijken.....

Maar dan zou ik nou voor jou een Bullshitter zijn, en niet iemand die je respecteert.

Oh jah, koop de ondernemersbijbel. NU.

Previeuw boek Moneymaker

Moneymaker 2.

Twee dingen waar je dagelijks je tijd aan MOET besteden

Welke 2 zijn dat ?

Tv kijken en op Facebook zitten ?

Zonder BULLSHIT, dus :

SALES & DIRECT MARKETING

Als je iets verkoopt (sales), dan komt er winst binnen.

Als je goed wordt in (direct marketing), dan komt er winst binnen.

Met marketing bespaar je jezelf tijd tijdens het verkopen. Je hoeft tijdens je presentatie niet uit te leggen wie je bent en wat je onderneming doet.

Hoeveel uur per werkdag besteed Jij aan sales ?

Hoeveel uur per werkdag besteed Jij aan Direct Marketing ?

WAT GEBEURT ER ALS JE ALLEEN MAAR JE TIJD BESTEEDT AAN SALES & DIRECT MARKETING ??

Heb je dan meer winst en dus meer geld ?

Einde previeuw

Voor meer info over dit boek van mij, ga naar www.hajro.be

Simpel ?

Zeker, maar je moet het wel even doen,

iedere dag,

totdat je er niet meer over na hoeft te denken,

en je het automatisch gaat doen.

Even wat Geluksingredienten op een rij :

—   Kijk iedere dag comedy, minimaal een uur

—   Eet ijs, trakteer iemand op een ijsje

—   Ga sporten, lekker van je afslaan met tennis of lekker
hardlopen

—   Pis in de tuin

(en als je een boete krijgt voor wildplassen, dan lach je je
helemaal stuk)

–   Maak je geen zorgen, het leven is te kort daarvoor
(door bezig te blijven, heb je geen tijd om je zorgen te maken)

–   Knuffel mensen waar je van houdt

–   Ga gezellig een kopje koffie drinken

–   Neem een kat of een ander huisdier

–   Als je geld ontvangt, spaar gelijk een deel ervan

Einde previeuw

<u>Previeuw 4, Kleine introductie met oprichting Hajro</u>

Hajro zet zich in voor de mensen in provincie Gelderland,
door mensen aan het werk te houden,
door te doneren aan Goede Doelen,
en door jou te helpen om rijker te leven.

Tegenwoordig is Hajro
een dochteronderneming van Hajro Groep.

De Hajro Groep bestaat uit 20 verschillende ondernemingen,
die allemaal deel uit maken
van 1 overkoepelende organisatie.

We hebben nou verschillende producten & diensten,
en we steunen meer dan 40 Goede Doelen.

Bezoek ons op www.hajro.be

en ontdek wat we nog meer voor jou kunnen betekenen.

De previeuws kon je als Bonus gratis lezen.

Zo weet je beter waar mijn boeken over gaan,
en welke ervan een goede keuze is voor jou.

Met vriendelijke groet,

Jasmin Hajro

Hajro bv

Unieke wenskaarten,
cadeaugeschenken & boeken

KvK : 76564770

www.hajro.be

Author website :

www.lulu.com/spotlight/jasmin
hajro

www.ingramcontent.com/pod-product-compliance
Lightning Source LLC
Chambersburg PA
CBHW070505220526
45467CB00002B/585